CONSULTATION

POUR

LE MARQUIS DE CRÉQUI,

ET LE COMTE DE CRÉQUI CANAPLES;

CONTRE

LES SIEURS LE JEUNE DE LA FURJONNIERE.

A PARIS, RUE DAUPHINE,

la seconde porte cochere à droite en entrant par le Pont-Neuf,

DE L'IMPRIMERIE DE L. CELLOT,

Chez lequel on trouve tous les Livres du Fonds de Ch.-Ant. JOMBERT, Libraire du Roi pour l'Artillerie & le Génie, son Beau-pere, auquel il a succédé;

AU FOND DE LA COUR.

(1780.)

CONSULTATION

POUR le Marquis DE CRÉQUI & le Comte DE CRÉQUI CANAPLES ;

CONTRE les Sieurs LE *JEUNE DE LA FURJONNIERE.*

LE CONSEIL SOUSSIGNÉ, qui a pris lecture de toutes les Pieces, invoquées par les ſieurs le Jeune, pour établir leur deſcendance prétendue de la Maiſon de Créqui, enſemble d'un extrait des moyens plaidés pour eux à l'Audience :

ESTIME que ſi la prétention des Sieurs le Jeune étoit une fois admiſe, il n'y auroit plus rien de ſtable, rien de ſacré dans notre légiſlation.

On ne ſuppoſera pas que perſonne puiſſe jamais être touché de la reconnoiſſance du feu Marquis de Créqui ni de ce qui a ſuivi : ſi les ſieurs le Jeune n'étoient pas Créqui avant cette reconnoiſſance, ils ne le ſont pas devenus depuis. Sont-ils donc iſſus de la Maiſon de Créqui ? C'eſt-là toute la queſtion.

Ils reconnoiſſent formellement qu'ils ne ſont connus que depuis environ 1400, & qu'ils ne ſont connus que comme le Jeune ; aucun de leurs auteurs n'a jamais eu un ſeul inſtant la prétention d'être Créqui ; c'eſt encore un point avoué par eux-mêmes : étoient-ils donc Créqui dans un tems où perſonne ne les connoiſſoit ?

Il ſe préſente d'abord une réflexion bien importante : les Srs le Jeune n'ont découvert aucun nouveau titre ; ils ne rapportent que des pieces que leurs peres ont parcouru inutilement pendant trois siecles, sans jamais soupçonner qu'ils descendoient des Créqui ; & c'est déjà un terrible préjugé contre leurs prétentions actuelles.

Quels sont au surplus ces titres ? Les enquêtes de 1478 & 1485, leurs armes de gueules au créquier d'argent, avec un petit écusson d'argent à deux fasces de sable, leur nom de le Jeune, qui n'est qu'un surnom de Créqui, une prétendue possession de la Seigneurie d'Ambricourt, qui, dit-on, avoit appartenu à la Maison de Créqui ; à quoi l'on ajoute une note sans date, sans authenticité, tirée du cabinet de M. de Gagnieres, de laquelle il sembleroit résulter que Baudouin de Créqui, époux de Clémence de Croi, en 1195, avoit eu trois enfans, Philippe Sire de Créqui & de Fressin, qui vivoit en 1238, & qui épousa, dit-on, dans la note, Blanche de Rosny ; Guillaume de Créqui, Prévôt de Saint-Pierre d'Aire en 1241 ; & Guillaume le Jeune, Chevalier, Seigneur de Torchi.

C'est à quoi se réduisent tous les titres des sieurs le Jeune. L'enquête ou la déclaration de 1478 est celui sur lequel ils ont fondé principalement leur espoir ; on va la discuter, le reste s'écartera en très-peu de mots : voici l'objet & la forme de cette enquête.

Jean le Jeune, Valet-de-chambre de M. de Beaujeu, fils de Tassart le Jeune, demeurant à Ambricourt, ayant transporté son domicile en France vers l'an 1450, fut imposé à la Taille à Tours en 1478. Il réclama contre l'imposition ; une premiere Sentence l'admit à la preuve de sa noblesse ; il accourut à Paris & se fit donner dans l'Etude d'un Notaire de cette Capitale, par cinq Particuliers, Bourgeois ou Marchands, la déclaration si connue, qu'on appelle aujourd'hui *enquête*, & sur laquelle ſes deſcendans veulent établir leur filiation de la Maiſon de Créqui.

Obſervons 1°. que Jean le Jeune ne ſe prétendit pas Créqui ; 2°. qu'il ne fut pas admis à la preuve de cet état , auquel il n'aſpiroit pas. La déclaration n'avoit pour objet que ſa nobleſſe. Il la préſenta aux Elus de Tours , qui le déchargerent de l'Impoſition, *après qu'il leur eſt duement apparu* , diſent-ils , *ledit Jean le Jeune être extrait de noble lignée , & qu'il a ſuivi les armes depuis quatorze ans en çà.*

Voilà donc Jean le Jeune déclaré noble , contradictoirement avec les Collecteurs de ſa Paroiſſe. Cela n'empêcha pas que ſept ans après le Fermier du Huitieme ne conteſtât encore cette même nobleſſe : l'affaire fut portée dans le même Tribunal & devant les mêmes Juges qui avoient prononcé en 1478 , ſept ans auparavant : Jean le Jeune ſoutint de nouveau qu'il étoit noble , & il oppoſa comme un préjugé la déclaration ou enquête, & le Jugement de 1478 : cependant l'Election de Tours, au lieu de le déclarer noble , l'admet encore à la preuve de ſa nobleſſe , & expédie des commiſſions rogatoires pour les Elections de Paris & d'Arras. Jean le Jeune , au lieu de ſe tranſporter dans ſa Province (1), vint à Paris , fit faire une ſeconde enquête , retourna dans l'Artois , & fut encore maintenu dans ſa nobleſſe par un Jugement de 1486. Cette ſeconde enquête ne prouve rien en faveur des ſieurs le Jeune ; ils n'oppoſent que la déclaration de 1478.

Mais il ſe préſente encore ici une réflexion bien déciſive. Si Jean le Jeune avoit prouvé en 1478 qu'il étoit Créqui , on n'auroit pas conteſté ſa nobleſſe en 1485 , ſept ans après , & les Elus n'auroient pas demandé une ſeconde enquête pour

(1) La France étoit en poſſeſſion paiſible de l'Artois depuis le Traité d'Arras de 1482.

établir cette nobleſſe. La déclaration de 1478 n'a donc préſenté ni à Jean le Jeune, qui ſe la fit donner, ni aux Elus qui prononcerent la preuve, que Jean le Jeune fût Créqui. Y trouvera-t-on au bout de trois ſiecles ce qui n'y étoit pas alors ?

Suivons l'ordre des faits: en 1495 Jeannet le Jeune, demeurant à Ambricourt, neveu par Hue le Jeune ſon pere, de Jean le Jeune, établi à Tours, accourt auprès de ſon oncle pour ſe faire expédier les Sentences de 1478 & 1485, & pour en obtenir un certificat de ſa nobleſſe, que ſans doute on lui conteſtoit en Artois. Jean le Jeune donne cette atteſtation avec l'expédition des Sentences; les le Jeune d'Ambricourt n'étoient donc pas Créqui : s'ils étoient deſcendus de cette Maiſon, auroient-ils eu beſoin de l'atteſtation de Jean le Jeune de Tours ? Et Jean le Jeune de Tours, éclairé par la déclaration de 1478, n'auroit-il pas dit à ſon neveu : Nous ſommes Créqui, ſi en effet il avoit trouvé dans cette déclaration la preuve de ſa deſcendance d'une Maiſon auſſi illuſtre ?

Ce n'eſt pas tout : qui étoit Jean le Jeune ? Il étoit fils de Taſſart le Jeune d'Ambricourt : les ſieurs le Jeune rapportent quelques actes émanés de ce Taſſart le Jeune, ou qui font mention de lui; mais on ne trouve dans aucun de ces actes aucune qualité de Chevalier, de Sire, d'Ecuyer, qui puiſſe faire ſeulement préſumer qu'il deſcendoit d'une grande Maiſon. Quant à Jean le Jeune, il étoit Valet-de-chambre de M. de Beaujeu, qualité très-compatible avec la roture, & qui ne ſuppoſoit en aucune maniere un Créqui. Auſſi lorſque ſa nobleſſe fut conteſtée en 1478, il fit entendre pour l'établir *les honorables hommes Jean le Jeune, ci-devant Maire d'Arras, Baulde le Maître, Bachelier en Droit, Fremin Garçon,*

Marchand, *Terifart de la Planque*, *Tapiſſier*, & *Bauduchon Raoul*, *Marchand.*

Si la nobleſſe d'un Créqui eût été conteſtée, dans un tems où cette Maiſon a rempli les places les plus importantes auprès des Rois de France & des Ducs de Bourgogne (1), ne l'auroit-on établie que ſur la foi de cinq Bourgeois ou Marchands? Jean le Jeune n'étoit donc pas Créqui.

Si l'on veut obſerver encore qu'avant, ni lors, ni depuis la déclaration de 1478, aucun des le Jeune n'a penſé qu'il étoit Créqui; que dans l'Artois, comme dans la Touraine, hors de leur famille, comme dans leur famille, il n'a jamais exiſté perſonne qui les ait regardé comme tels, il ſera démontré pour tout homme impartial qu'ils ne deſcendent pas de la Maiſon de Créqui, & qu'on ne pourroit les affilier à cette Maiſon ſans choquer toute vraiſemblance & ſans violer toutes les regles.

Un examen plus réfléchi de la déclaration de 1478 fortifie encore cette idée: Jean le Jeune conduit cinq Particuliers dans l'Etude d'un Notaire; ils y font une déclaration commune, mais elle n'eſt précédée d'aucun ſerment, mais elle n'eſt reçue par aucun Juge: c'eſt un ſimple certificat. Un certificat de cinq Bourgeois ou Marchands, mépriſé par celui même qui l'a obtenu & par ſes Succeſſeurs, pendant trois ſiecles; pourroit-il faire un Créqui, ſur-tout lorſqu'il eſt donné contre la notoriété publique?

(1) Jean de Créqui, Sire de Créqui, & de Freſſin, qui vivoit en 1429, fut Chevalier de la Toiſon d'or à la création de cet ordre, Conſeiller & Premier Chambellan de Philippe *le Bon*, Duc de Bourgogne, Ambaſſadeur auprès de Louis XI, qui le reçut en préſence de tous les Princes & Grands de ſa Cour. Antoine de Créqui, dit le Hardi, Seigneur de Pontdormi, Bailli d'Amiens, Capitaine de quatre-vingt lances, fournies des Ordonnances du Roi, fut Chevalier de l'Ordre du Roi, Conſeiller & Chambellan. Hiſt. des Grands Off. de la Couronne, T. 6, P. 782 & 3.

Mais ce certificat lui-même est démenti par ceux de qui il est émané. Dans la déclaration de 1478, paroît un certain *Fremin Garçon, Marchand, demeurant à Paris, natif de la Ville de Pernes en Artois, à trois lieues près d'Ambricourt.* Ce même Fremin Garçon est entendu dans l'enquête de 1485, faite en présence du Juge & sous la foi du serment : que déclare-t-il alors ? Après avoir dit que Jean le Jeune est fils de Tassart le Jeune, qui étoit noble, &c. Il ajoute, *dit encore qu'il a vu le frere dudit Jean le Jeune porter armes, que* ON DISOIT *être dépendantes des armes de l'Hôtel de Créqui, qui est des nobles Maisons de Picardie* : ET AUTRE CHOSE NE SAIT.

Le témoin ne sait pas autre chose! Il faut donc convenir ou qu'il n'a pas voulu dire en 1478 que les le Jeune descendoient des Créqui, ou qu'il a démenti en 1485, quand il a déposé dans le Sanctuaire de la Justice & sous la religion du serment, la fausse déclaration faite par lui en 1478.

Dira-t-on, pour éluder cette conséquence, que Fremin Garçon ne déposoit, en 1485, que sur la noblesse de Jean le Jeune ? Mais en 1478, il n'avoit donné sa déclaration que sur cette noblesse ; l'objet des deux Enquêtes étoit le même.

Prétendra-t-on qu'en 1485, Fremin Garçon a pu taire ce qu'il avoit déclaré d'office en 1478 ? Mais en 1485 il ne se tait pas, il dit tout ce qu'il sait, & il ne sait qu'une chose, *c'est que le frere de Jean le Jeune a porté armes qu'on* DISOIT *dépendantes de l'Hôtel de Créqui*, & AUTRE CHOSE NE SAIT.

Répétera-t-on ce qu'on a dit à l'Audience, qu'en 1485 les témoins déposoient en présence du Juge, qui leur auroit imposé silence, s'ils s'étoient jetté dans des faits étrangers ? Mais le Juge a laissé parler Fremin Garçon ; & si celui-ci a poussé l'attention jusqu'à dire qu'il avoit vu le *frere* de Jean le

Jeune porter armes *qu'on disoit* dépendantes des armes de l'Hôtel de Créqui, auroit-il manqué d'exprimer que les le Jeune descendoient des Créqui, si en effet il avoit eu sur ce point la plus légere connoissance ? Il ne l'avoit donc pas dit en 1478; ou s'il l'avoit dit, il avoit dit une imposture, qu'il a démentie en 1485.

En vain, pour donner quelque consistance à la déclaration de 1478, les sieurs le Jeune essaient-ils de prouver que Robert des Marquets entendu le lendemain de cette déclaration, ainsi que les témoins de l'Enquête de 1485, ont dit vrai sur plusieurs faits : cela peut être ; mais ni Robert des Marquets, ni les témoins de 1485 n'ont dit que les le Jeune descendoient des Créqui ; au contraire ils ne parlent que *du lignage & parentage des le Josne d'Ambricourt, qu'ils ont*, disent-ils, bien connu ; ce qui exclut la descendance des Créqui. Ainsi établir la véracité de ces derniers témoins, c'est affoiblir encore la déclaration des premiers, puisque cette déclaration est incompatible avec les dépositions de Robert des Marquets & des personnes entendues en 1485.

La déclaration de 1478 ne présente que trois points, 1o. Jean le Jeune, Valet-de-chambre de M. de Beaujeu, est, dit-on, fils de Tassart le jeune, d'Ambricourt, & de Catherine Potel (1), qui vivoient noblement ; 2o. Jean le Jeune a suivi les armes depuis quatorze ans en la Compagnie de M. de Beaujeu. (Les témoins ont pu déposer de ces deux faits, sur lesquels ils pouvoient avoir des connoissances). Mais quelle foi méritent-ils, quand ils ajoutent que Jean le Jeune est issu de par

(1) Il n'y a qu'un des cinq Particuliers nommés dans la déclaration, à qui on ait fait dire qu'il connoissoit Catherine Potel. Ces cinq Particuliers n'avoient donc pas une connoissance bien parfaite de l'état de la Maison le Jeune.

pere de ceux de Créqui ? Jean le Jeune étoit fils de Taffart le Jeune, Taffart étoit fils d'un autre le Jeune ; ni Taffart ni Jean, ni tout autre le Jeune ne prétendoient être Créqui ; jamais personne ne l'a dit, jamais personne ne l'a pensé ; qui avoit révélé cette descendance mystérieuse aux cinq Bourgeois ou Marchands qui donnoient leur déclaration ? De quelle maniere Jean le Jeune étoit-il issu de par pere de ceux de Créqui ? Comment cela pouvoit-il se faire, sans que ni lui ni aucun le Jeune dans l'univers en fût instruit ? Il faudroit renoncer à tout exercice de sa raison, pour donner la créance la plus légere à une assertion pareille, en supposant toujours que c'est-là effectivement ce que les témoins ont voulu dire, & qu'ils n'ont pas démenti cette imposture en 1485 ?

Les Sentences rendues en l'Election d'Artois, dans le cours du siecle suivant, en faveur des le Jeune, qui y résidoient, nous fournissent une nouvelle preuve que les le Jeune n'ont jamais eu rien de commun avec les Créqui : trois branches de le Jeune y ont été forcées de soutenir des contestatious pour leur noblesse ; elles opposoient leur nom de le Jeune, leurs armes qui sont les mêmes que celles des sieurs de la Furjonniere, leur descendance des le Jeune d'Ambricourt, la possession prétendue de la Seigneurie de ce lieu, & enfin la noblesse de leurs peres ; mais jamais on n'osa dire, dans ce tems-là, jamais on ne pensa que les le Jeune descendoient des Créqui ; au contraire, les Adversaires des le Jeune leur disoient : « vous » ne pouvez tirer aucun avantage de vos armes, même quand » elles vous seroient personnelles ; mais elles ne vous appar» tiennent pas ; les le Jeune les ont usurpées sur d'autres » Gentilshommes comme sur les Sires de Créqui ». Que répondoient les sieurs le Jeune ? Que ces armes leur apparte-

noient

noient ; que c'étoient les armes des le Josne, & qu'ils étoient nobles. On n'a donc jamais pensé dans l'Artois, ni dans la famille des le Jeune, que les le Jeune fussent Créqui.

En vain, pour écarter les inductions de ces Sentences, les le Jeune prétendent-ils actuellement que ceux qui plaidoient, dans le seizieme siecle, n'étoient pas descendus de Taffart le Jeune, leur auteur. Ils auront de la peine à le persuader. L'identité de nom, d'armes, de demeure, la possession des mêmes biens, les reconnoissances mutuelles feront du moins présumer la même descendance. Au surplus, si les le Jeune qui plaidoient en 1577 n'étoient pas descendans du même Taffart le Jeune que les le Jeune de Tours, il est clair qu'ils seroient descendus d'un autre Taffart le Jeune, proche parent, frere ou oncle peut-être du premier ; & les mêmes inductions résulteroient toujours de ces Sentences.

Veut-on enfin qu'il y ait eu à Ambricourt deux familles de le Jeune, qui n'avoient rien de commun entr'elles ? A la bonne heure. Les le Jeune qui plaidoient en 1577 s'appelloient certainement le Jeune (1) ; leurs peres avoient toujours eu un créquier d'argent dans leurs armes ; ils résidoient à Ambricourt, dont ils prétendoient posséder la Seigneurie ; si avec tout cela (de l'aveu des sieurs le Jeune), ils n'étoient pas Créqui, comment les sieurs le Jeune actuels le seroient-ils eux-mêmes, eux qui n'ont pour établir leur prétention que leur nom, leurs armes, leur descendance de Taffart le Josne d'Ambricourt, prétendue prouvée par l'Enquête de 1478, avec la possession prétendue de leurs peres de la Seigneurie de ce lieu ?

(1) Le Jeune ou le Josne : c'est la même chose. Voyez les enquêtes de 1478, 1485.

En un mot, que les le Jeune actuels soient ou non parens de ceux qui plaidoient à Arras dans le seizieme siecle, il résulte toujours des Jugemens qui furent alors rendus, un fait qu'il est impossible de méconnoître : c'est que personne ne pensoit alors que les le Jeune fussent Créqui. Personne ne l'a pensé depuis, personne ne l'avoit pensé auparavant ; on défie les sieurs le Jeune de prouver QUE DANS AUCUN TEMS, AVANT ET DEPUIS 1478, IL Y AIT EU DANS LEUR FAMILLE OU HORS DE LEUR FAMILLE LA MOINDRE TRADITION, LE PLUS LÉGER SOUPÇON DE LEUR DESCENDANCE D'UNE AUTRE MAISON ; au contraire, tous les actes, la possession & la notoriété publique, depuis quatre siecles, les constituent le Jeune ; quel pouvoir magique en feroit à l'instant des Créqui ? Examinons par quel raisonnement ils essaient de tirer parti de leurs déclarations de 1478.

« A l'époque de nos Enquêtes, disent-ils, il n'y avoit qu'une » maniere de prouver son état ; il falloit l'établir par témoins ; » c'étoit aussi la seule maniere qui fût usitée à Rome. L'usage » des registres publics n'a été établi en France qu'en 1539, & » ce n'est qu'en 1566, par l'Edit de Moulins, que la preuve » testimoniale a été abrogée pour toutes conventions excédant » la somme de 100 livres. Jusqu'à ce moment on n'a pu prouver son état que par témoins. Jean le Jeune établit le sien de » cette maniere : en vain opposera-t-on qu'il n'a jamais cru être » Créqui ; que ses successeurs ne l'ont jamais pensé depuis trois » cens ans ; qu'importent aux sieurs le Jeune l'ignorance ou » l'impéritie de leurs peres ? Les droits du sang sont imprescriptibles ; ils sont Créqui comme l'étoit Jean le Jeune, & » personne n'a le droit de les empêcher de porter leur nom.

C'est-là tout ce que disent les sieur le Jeune à l'appui de leurs

Enquêtes. Suppoſons pour un inſtant la vérité de ces maximes; qu'en réſulteroit-il ?

Si en 1478, Jean le Jeune s'étoit prétendu Créqui, s'il avoit réclamé cet état, s'il avoit demandé à l'établir, il auroit été admis à la preuve de ſes faits; s'il avoit fait ſa preuve avec des contradicteurs légitimes, on l'auroit déclaré Créqui. Voilà tout ce qui réſulteroit du prétendu principe, qu'en 1478, on n'établiſſoit ſon état que par témoins.

Mais Jean le Jeune ne s'eſt jamais prétendu Créqui; il n'a jamais articulé qu'il étoit Créqui; il n'a pas été admis à la preuve de ce fait; il n'a fait aucune preuve avec ceux qui pouvoient avoir intérêt de le contredire; le Jugement des Elus de Tours ne l'a pas déclaré Créqui: au contraire, les mêmes Elús lui ont ordonné, ſept ans après, de faire une nouvelle preuve de la nobleſſe qu'on lui conteſtoit encore. Il ne réſulte donc rien de la maxime établie par les ſieurs le Jeune, à moins qu'on n'aille juſqu'à dire qu'en 1478 un homme abjuroit ſon état, & en acquéroit un nouveau, ſans y prétendre, ſans le ſavoir, & même malgré lui.

Mais eſt-il vrai qu'en 1478 on ne pouvoit établir ſon état que par témoins; & qu'il n'y avoit, ſuivant les Loix Romaines, que cette maniere de le prouver?

Des regiſtres publics conſtatoient à Rome la naiſſance de chaque Citoyen, & la preuve tirée de ces regiſtres étoit ſans contredit la plus puiſſante; on ne pouvoit même pas en admettre d'autres, quand les regiſtres exiſtoient: c'eſt la diſpoſition préciſe des Loix 13 & 14, au Cod. *de probat. non epiſtolis, non nudis adſeverationibus nec ementita profeſſione, ſed natalibus neceſſitudo conſanguinitatis conjungitur.*

Mais quand les regiſtres étoient perdus, permettoit-on

à une Partie, sans indices, sans présomptions, sans commencement de preuve par écrit, de faire entendre des témoins pour déposer en sa faveur ?

M. d'Aguesseau a répondu à cette question, dans le tom. II de ses œuvres, page 46.

« C'est un doute qui est éclairci par la Loi 2, au *code* » *de testibus.* Telle étoit l'espece de cette Loi : un affranchi » prétendoit être né libre, & dans l'état d'ingénuité : *de-* » *fende causam tuum instrumentis & argumentis quibus potes ;* » *soli enim testes ad ingenuitatis probationem non sufficiunt.* » Voilà donc trois sortes de preuves que l'Empereur distin- » gue dans les questions d'Etat ; les actes, les présomptions, » les témoins : *il décide nettement que les témoins ne peuvent* » *pas suffire pour faire une preuve certaine ;* il faut nécessai- » rement que les dépositions des témoins soient soutenues, » ou par la foi des actes, ou par la force des présomp- » tions ; & par-là, on concilie l'intérêt du Public avec » celui des Particuliers, l'utilité publique est satisfaite, en » ce qu'on n'admet pas légerement la preuve par témoins ; » & les Particuliers ne sauroient pas se plaindre, puisqu'on » ne les réduit pas à l'impossible de prouver leur état, lors- » que les actes qui pouvoient l'établir sont perdus ».

Qu'on ne dise pas que la Loi citée ici, & commentée par M. d'Aguesseau, ne peut pas s'appliquer aux preuves de la naissance, mais aux preuves de l'ingénuité ; il est évident qu'elle embrasse toutes les questions qui s'élevent sur l'état des hommes ; nous trouvons d'ailleurs, sur ce point, les textes les plus précis dans le corps de droit. *Probationes quæ de filiis dantur, non in solâ affirmatione testium consistunt, sed & Epistolis, &c.* : Loi 29, ff. *de probat. & præsumpt.*

Aussi, est-il universellement reconnu que les Loix Romaines admettoient trois sortes de preuves, pour constater l'état des hommes ; 1°. les registres publics ; 2°. à défaut de registres, les titres particuliers ; 3°. enfin, la preuve testimoniale, quand il s'agissoit de completter la preuve littérale.

C'est-là ce qui se pratiquoit à Rome : voyons actuellement ce qui s'est pratiqué en France.

La foi des hommes fut si suspecte à nos peres, que pour connoître la vérité, ils eurent recours en matiere civile & criminelle, aux pratiques les plus superstitieuses ; on les honoroit du nom de *Jugement de Dieu*, & elles n'attestoient que la barbarie & la corruption du siecle : l'usage de passer des actes publics, ne tarda pas à s'introduire ; nous trouvons dans les Ordonnances du Louvre, environ l'année 1300, des réglemens rendus au sujet des Notaires ou Tabellions : cependant on ne rédigeoit pas encore par écrit toutes sortes de conventions ; les abus qui en résultoient, exciterent à la fin des représentations de la part des Parlemens, & ce fut sur ces représentations qu'on dressa l'article 54 de l'Ordonnance de Moulins, portant que de toutes choses excédant 100 livres, il seroit passé un acte : cette Loi ne fut faite que pour les objets qui tombent en convention.

Quelques années auparavant, en 1539, François premier avoit ordonné que les preuves de l'âge se feroient par des registres publics : il ne paroît pas qu'il y ait eu auparavant de registres réguliérement tenus, cela est vrai ; n'y avoit-il cependant que la déposition des témoins, pour constater l'état des hommes ?

Depuis la fin du douzieme siécle, les Loix Romaines

avoient en France la même autorité qu'elles ont encore aujourd'hui : cela est démontré dans l'Histoire de la Jurisprudence Romaine, par Terrasson, page 439 : aussi les voyons-nous souvent citées dans les Ordonnances de nos Rois : elles formoient le droit commun, dans tous les points qui n'étoient pas contraires à nos Coutumes & à nos Ordonnances.

On a vu que suivant le droit Romain, la preuve de l'état des hommes se tiroit d'abord des registres publics ; qu'à défaut de registres, il falloit rapporter des actes particuliers, & que la preuve testimoniale enfin, n'étoit admise que pour completter la preuve littérale. Jamais, ni les Ordonnaances du Royaume, ni les Coutumes, n'ont présenté de dispositions contraires.

Il falloit donc, avant 1539, établir son état, principalement sur les titres ; & ne recourir à la preuve testimoniale, que lorsque ces actes n'offroient pas une preuve complette.

Avant 1539, les enfans naissoient comme aujourd'hui, sous les yeux de leurs peres ; ils étoient élevés dans le sein de leur famille, ils portoient le nom, ils recueilloient la fortune de celui qui leur avoit donné le jour, ils partageoient avec leurs freres, ils contractoient des alliances avec des Maisons Etrangeres ; une foule d'actes constatoit ces événemens, & formoit une possession, une notoriété publique, la premiere & la plus forte preuve de l'état. C'est par la production de ces actes, que l'on établissoit sa filiation, & la preuve testimoniale ne pouvoit être admise que lorsqu'il s'agissoit de fortifier les présomptions violentes qui résultoient des titres. Il y a plus, cette preuve ne pouvoit être admise que contradictoirement avec les personnes intéressées. Si Jean le Jeune eût aspiré à l'état de Créqui, on n'auroit pu lui permettre de faire ſa preuve qu'en préſence de cette maiſon ; & s'il n'eut pour Adverſaires que les Collecteurs de ſa Paroiſſe, c'eſt parce qu'il ſe contenta d'articuler qu'il étoit noble.

Telles étoient les maximes ſous leſquelles nous vivions en 1478 ; & l'on peut juger d'après cela, de quel poids peut être la Déclaration qui fut donnée à cette époque, à Jean le Jeune : prétendre qu'alors on ne prouvoit pas autrement ſon état, c'eſt, on ne craint pas de le dire, avancer une maxime qu'aucun Juriſconſulte n'a jamais avouée, & n'oſeroit jamais atteſter par ſa ſignature. Ainſi Jean le Jeune qui ne ſe prétendoit pas Créqui, qui ne demandoit pas à être déclaré tel, qui ne fut pas admis à la preuve d'un état qu'il ne réclamoit pas, auroit cependant aſſuré l'état de Créqui à ſes deſcendans, par la déclaration de cinq Bourgeois obſcurs, donnée ſans aucune forme, & dans le ſecret de l'Etude d'un Notaire ; déclaration contraire à la notoriété publique, qu'il eſt impoſſible de fortifier par l'acte de poſſeſſion le plus léger, par la plus mince prétention de la part des Auteurs des ſieurs le Jeune, & par l'opinion d'une ſeule perſonne depuis quatre ſiecles ! Tout ſeroit confondu parmi nous, il n'y auroit plus ni regles, ni principes, ni Loix, ſi de pareils actes étoient admis par la Juſtice.

Loin que la déclaration de 1478 ait prouvé dans le tems que les ſieurs le Jeune ſont Créqui, elle n'auroit même pas établi (ſi elle eût été ſeule) qu'ils étoient nobles. Pour ne pas entrer à cet égard, dans des détails qui ſeroient ſuperflus, on veut bien partir de la Loi même que les ſieurs le Jeune ont préſentée comme la regle de la matiere ; l'Ordonnance de Louis XII, ſur la maniere dont les gradués devoient prouver leur nobleſſe.

« Et de ladite noblesse, feront lesdits Gradués simples, & » les Gradués nommés, apparoir auxdits Collateurs ou Patrons, ou en leur absence, à leursdits Vicaires généraux, » par attestation ou affirmation de trois ou quatre personnes » dignes de foi, lesquels, PAR SERMENT, AFFIRMERONT « PARDEVANT NOS JUGES ORDINAIRES OU L'UN D'EUX, » la noblesse d'ancienne lignée de l'un & l'autre parent d'iceux Gradués simples & Gradués nommés, être véritable, » & D'ICELLE AFFIRMATION SERA FAIT REGISTRE PAR » NOSDITS JUGES ORDINAIRES OU LEURS GREFFIERS ».

En prenant cette même Loi pour regle, comme le desirent les sieurs le Jeune, leur noblesse ne seroit pas prouvée par la déclaration de 1478. 1°. Cette déclaration n'a pas été AFFIRMÉE PAR SERMENT; 2°. elle n'a pas été faite devant UN JUGE; 3°. elle n'a pas été reçue PAR UN GREFFIER. Mais si cette déclaration étoit insuffisante pour prouver même la noblesse que Jean le Jeune réclamoit, comment auroit-elle prouvé la descendance des Créqui qu'il ne réclamoit pas? Qu'on ne dise pas que l'Election l'avoit admis à prouver sa noblesse *sommairement*, *& sans figure de procès*; l'Election auroit-elle pu affranchir Jean le Jeune des dispositions textuelles de nos Ordonnances?

Aussi voyons-nous que sept ans après, la Noblesse de Jean le Jeune fut contestée dans la même Election, devant laquelle on plaidoit en 1478; que ce Tribunal, sans égard à la déclaration qui avoit précédé, ordonne que Jean le Jeune informera de sa noblesse, & qu'il adresse des commissions rogatoires à des Juges faits pour présider aux informations.

Cette seconde enquête fut du moins reçue par un Juge; elle fut composée de quelques témoins d'un état plus honnête que ceux

ceux de la déclaration de 1478 ; on entendit deux Prêtres, deux Gentilshommes & deux Bourgeois ; mais aucun ne dit que les le Jeune descendent des Créqui : leur déposition au contraire, est incompatible avec cette descendance.

Ce n'est pas sans raison qu'on remarque ici l'état des Particuliers qui ont donné la déclaration de 1478. L'usage général étoit d'admettre au moins quelques Gentilshommes dans les enquêtes sur la noblesse ; on en connoît plusieurs faites à la même époque, & on n'en trouveroit pas une seule composée uniquement de Roturiers.

Il falloit sur-tout que les témoins déposassent qu'ils avoient connu personnellement le pere & l'aïeul de celui à qui la noblesse étoit contestée, & qu'ils les avoient vu vivre noblement ; c'est ce qui nous est attesté par Bacquet, Traité du Droit d'amortissement ; la Rocque, Traité de la Noblesse ; le Bret, septieme action ; le Mémorial des Tailles, au mot Noble de race, &c., &c. Or, les cinq Particuliers qui ont donné leur déclaration en 1478, ne disent pas un mot de l'aïeul de Jean le Jeune.

Sous quelque point de vue qu'on envisage cette déclaration, elle n'établiroit donc pas (si elle étoit seule) la noblesse de Jean le Jeune, loin d'établir sa filiation des Créqui.

Il est inutile, sans doute, d'observer qu'en discutant cette déclaration on suppose que les particuliers qui l'avoient donnée ont déclaré effectivement que les le Jeune descendent des Créqui, & qu'ils n'ont pas démenti par la suite cette erreur. On a cependant vu le contraire.

En voilà trop sur cet objet, résumons ce que nous venons de dire.

Jean le Jeune imposé à la taille en 1478, ne dit pas

aux Collecteurs de sa Paroisse, *je suis Créqui:* il ne l'étoit donc pas. Il n'est pas admis à prouver qu'il est Créqui; il ne se présente pas à cette maison, il se contente de réunir dans l'Etude d'un Notaire, cinq Bourgeois ou Marchands qui lui donnent un certificat de sa noblesse contestée, sans aucune forme, & sans même affirmer par serment ce qu'ils disent. Il lit ce certificat, & n'y trouve pas la preuve qu'il est Créqui. L'Election de Tours ne le déclare pas tel. Sept ans après, inquiété de nouveau dans sa noblesse, on le force à en faire une nouvelle preuve malgré la déclaration de 1478, qu'il avoit produite; de tous les témoins qu'il fait entendre à cette seconde époque, il n'en est aucun dont le témoignage ne soit exclusif de sa descendance des Créqui. Il meurt le Jeune, comme il étoit né & comme il avoit vécu. Ses descendans, depuis trois siécles, naissent, vivent & meurent le Jeune. Aucun être dans l'Univers avant la déclaration de 1478, ni depuis, dans la famille des le Jeune ni hors de cette famille, dans l'Artois, berceau de cette famille, ni hors de l'Artois, n'a jamais dit ni écrit que les le Jeune fussent Créqui; aucun des aïeux des sieurs le Jeune ne l'a pensé un seul instant. Quel jugement faut-il donc porter de ce certificat extrajudiciaire de 1478, donné par cinq Bourgeois ou Marchands, étrangers aux Maisons dont ils parlent, qui ne développent ni ce qu'ils veulent dire, ni la maniere dont ils ont été instruits; certificat méprisé par celui qui l'a obtenu, démenti par la notoriété publique, & par deux mille actes peut-être; certificat qui, comme on l'a démontré, n'étoit pas même suffisant pour prouver la noblesse de Jean le Jeune, d'après les Loix du Royaume; certificat enfin désavoué sept ans après par l'un de ceux qui l'avoient donné, lorsqu'entendu par le Juge lui-même & sous la foi du serment, il ne déclare que ce qu'il sait.

Passons actuellement aux autres preuves que les le Jeune donnent de leur descendance de la Maison de Créqui. Elles sont si futiles qu'elles ne méritent même pas d'être discutées.

Ils s'appellent le Jeune, & dans la Maison de Créqui (comme dans toutes les Maisons du Royaume), on a distingué les cadets des ainés par le surnom de le Jeune : qu'en résulte-t-il ? Que les le Jeune de la Furjonniere sont Créqui ? quelle conséquence ! Ils pourroient donc, par cette raison, s'associer à toutes les Maisons de l'Europe, & ils partageroient cet avantage avec tous les le Jeune, les le Vieux, les le Roux, les le Gros, les le Gras de l'Univers ; car dans toutes ces Maisons il y a eu des membres distingués par ces surnoms (1).

Tassart le Jeune, ou du moins Jacques le Jeune son frere a possédé, dit-on, la Seigneurie d'Ambricourt, qui avoit appartenu aux Créqui.

Que résulteroit-il encore de cela, si cela étoit vrai? La possession d'une terre qui auroit appartenu à la Maison de Créqui, auroit-elle fait des Créqui des sieurs le Jeune? Mais d'ailleurs, 1°. il n'y a aucune preuve que la Maison de Créqui ait possédé effectivement la Seigneurie d'Ambricourt. 2°. Il est prouvé par les pieces mêmes produites par les sieurs le Jeune, que Tassart le Jeune, ou Jacques le Jeune n'ont eu à Ambricourt *qu'un fief & noble tenement.*

---

(1) Plusieurs branches de la Maison de Créqui se sont distinguées par un nom de Terre, mais elles n'en portoient pas moins leur nom propre, & il étoit de notoriété publique qu'elles descendoient des Créqui : les sieurs le Jeune ont prétendu qu'il a existé des Particuliers du nom DE CRÉQUI, dont il n'est pas parlé dans la Généalogie de cette Maison : cela peut être, mais assurément on n'en peut pas conclure que les le Jeune sont Créqui.

Il y a plus : le ſeul Créqui qu'on trouve qualifié de Seigneur d'Ambricourt, eſt un Enguerrand de Créqui dit le Begue, qui mourut en 1398. Mais les ſieurs le Jeune prétendent aujourd'hui qu'ils deſcendent de Baudouin, qui vivoit en 1200, ou de Guillaume, qui vivoit en 1240. Comment les le Jeune auroient-ils donc pu ſuccéder à Enguerrand de Créqui, mort vers l'an 1400, qui laiſſoit après lui un frere (Jean de Créqui, qui a continué la deſcendance); & une ſœur (Marguerite de Créqui, mariée deux fois)? N'eſt-il pas ſenſible que la poſſeſſion poſtérieure de la Seigneurie d'Ambricourt ne prouveroit rien en leur faveur dans cette circonſtance? La poſſeſſion des mêmes biens ne peut faire préſumer la deſcendance, qu'autant qu'on préſume auſſi qu'ils ont été recueillis à titre ſucceſſif. Mais, dans l'eſpece, il eût été impoſſible que les le Jeune ſuccédaſſent à Enguerrand de Créqui : ils ne peuvent donc tirer aucun avantage de leur prétendue poſſeſſion de la Seigneurie d'Ambricourt (1).

Les armes des ſieurs le Jeune atteſtent-elles mieux leur deſcendance de la Maiſon de Créqui? En ſuppoſant (ce qui n'eſt pas) qu'il n'y a aucune différence dans les armes des deux Maiſons, elles ne prouvent encore rien d'après le témoignage unanime des Auteurs héraldiques.

---

(1) L'acte dans lequel les ſieurs le Jeune prétendent trouver la preuve que leurs auteurs ont poſſédé la Seigneurie d'Ambricourt, eſt un dénombrement de 1473, viſé à la note F de la page 4 de leur généalogie, imprimée : *ce n'eſt donc pas un acte récemment recouvré.* LE SIEUR D'HOSIER AVOIT TRAVAILLÉ SUR CET ACTE EN 1761, ET N'AVOIT PAS VU QU'IL FUT POSSIBLE D'EN TIRER QUELQUE INDUCTION.

« Il faut s'accoutumer (1) à diſtinguer les Maiſons de même » nom, & les Maiſons différentes, qui portent *les mêmes » armes* ».

« Il y a quantité de Maiſons (2) qui ont les mêmes armes, » ſans être ſorties du même ſang. . . . La reconnoiſſance, » les ſervices rendus, l'amitié, la ſociété d'armes, & d'au- » tres pareilles choſes ont contribué aſſez ſouvent à cette » conformité d'armoiries ».

« Tous ceux qui ſemblent *porter mêmes noms & mêmes ar- » mes* (3), n'ont pas toujours même origine.

« La reſſemblance des *armoiries n'a pas moins fait de fables*, » dit le Pere Meneſtrier, dans les recherches de Blaſon.

» Sur le déclin du treizieme ſiecle (4), même les perſon- » nes de la plus vile condition avoient des ſceaux; & lorſ- » qu'ils n'en avoient pas, ils ſe ſervoient de celui de perſonnes » conſtituées en dignité, même du ſceau des témoins (5)».

Après des témoignages ſi précis, comment pourroit-on conclure de la parité des armes à l'identité de la filiation ? Mais, encore une fois, les armes des Créqui & des le Jeune ne ſont pas les mêmes : les Créqui portent d'or au créquier de gueules; les le Jeune de gueules au créquier d'argent, avec un écuſſon particulier à deux faſces de ſable. Il y a donc au moins une différence dans les émaux ; & quoique quelques Auteurs aient écrit qu'anciennement les cadets changeoient ſouvent les couleurs des armes de leurs ainés, il n'en réſulte pas que tous

(1) Méthode du blaſon imprimée en 1684.

(2) Véritable art du blaſon ou l'uſage des armoiries.

(3) La Roque, Traité de la nobleſſe.

(4) Dict. Diplom de Dom de Vaines.

(5) Voyez les Pieces juſtificatives, N. 4.

ceux qui ont porté dans leurs armes les pieces d'une Maison avec des couleurs différentes, étoient des cadets de cette Maison : C'EST CE QUI N'A JAMAIS ÉTÉ DIT NI ÉCRIT PAR PERSONNE.

Faudra-t-il actuellement rapporter des exemples de Maisons différentes qui ont les mêmes armes ? On en trouve une foule, & même pour les armes qu'on appelle parlantes.

Ainsi cent personnes portent dans leurs armes *la tour*, qui est l'arme parlante des la Tour d'Auvergne : il y en a peut-être autant qui portent dans leurs armes des maillets, arme parlante des Mailly (1). Les Botscuvits, les Efflinger, les Drancourt, les de Conte ont toujours porté dans leurs armes un créquier, & ne sont cependant pas Créqui (2). Les le Jeune eux-mêmes ne reconnoissent pas pour leurs parens les le Jeune d'Artois, qui plaidoient dans le seizieme siecle, & qui portoient de tems immémorial un créquier dans leurs armes. Le créquier, de leur aveu, n'annonce donc pas nécessairement un Créqui. Qu'on cesse donc de conclure de la ressemblance des armes à l'identité d'origine. La ressemblance des armes ne prouve rien ; & pour citer aux sieurs le Jeune une autorité qu'ils ne récuseront pas, nous voyons que le sieur d'Hosier, dans son Armorial général, regist. 3, part. 1,

(1) Les sieurs le Jeune le reconnoissent. Voyez au surplus Palliot.

(2) On vient de retrouver dans le dépôt des Chartres d'Artois une quittance donnée le 8 Août 1377, par un Sire de Quatreveaux, avec un sceau qui présente un créquier à sept branches, & sur la branche d'en haut à senestre un petit oiseau. Voy. Pieces justificatives, N°. 4 : les le Josne Contai portent aussi un créquier & ne sont pas Créqui. Voyez ladite note.

p. 47 & 48, établit en principe, que, pour former un préjugé capable d'établir la jonction, il faut MÊME NOM, MÊME PAYS, MÊMES ARMES, ET LA POSSESSION DE QUELQUES-UNS DES MÊMES BIENS. Si le sieur d'Hosier a besoin de ce concours de circonstances pour former les probabilités sur lesquelles il bâtit ses systêmes, les Magistrats préposés pour rendre rigoureusement à chacun ce qui lui appartient, seront-ils moins difficiles ?

Il ne reste plus qu'à s'expliquer sur une note tirée du cabinet de M. de Gaignieres, & par lui cédé au Roi en 1711. Cette note se trouve à la page 300 d'un volume *in-fol.* manuscrit, contenant plusieurs généalogies. Elle paroît, dit-on, écrite entre 1640 & 1650. Elle n'est pas de l'écriture de M. de Gaignieres. Voici comment elle est conçue (1) :

« Baulduin, Sire Créqui & Freffin, vivoit 1195, épousa
» Clémence de Croy, fille de Guillaume Gist à Ruisseauville.

PHILIPPE, Sire de Créqui & de Freffin, vivoit en 1238, épousa Blanche de Rosny.	GUILLAUME DE CRÉQUI, Prévôt de Saint-Pierre d'Aire, vivoit en 1241.	GUILLAUME LE JEUNE, Chevalier Seigneur de Torchi.

Cette note sembleroit annoncer que Bauduin, Sire de Créqui & de Freffin, qui avoit épousé Clémence de Croy, vivoit en 1195, & qu'il eût pour fils Philippe, Sire de Créqui, mari de Blanche de Rosni, Guillaume de Créqui, Prévôt de Saint-Pierre d'Aire, & Guillaume le Jeune, Chevalier, Seigneur de Torchi. Que peut-il en résulter en faveur des sieurs le Jeune ?

(1) Voyez à la fin cette note, délivrée par le Garde de cette partie, N°. 1.

1°. N'est-ce pas se jouer de la Justice, que de lui présenter, comme un titre dans une affaire de cette nature, une note moderne, informe, sans authenticité, dont on ne connoît pas l'auteur, & qui n'est appuyée sur aucun monument?

2°. Que peut-on conclure de cette note? Que celui qui l'a faite pour son instruction & pour le soulagement de sa mémoire, en marquant les trois fils prétendus de Bauduin, Sire de Créqui, auroit désigné le plus jeune des deux Guillaume, par Guillaume le Jeune: cela prouve-t-il que ce Guillaume ait abjuré le nom de ses peres pour ne porter que son nom de baptême, & qu'il ait transmis ce nom de baptême seul à ses enfans? Cela prouve-t-il que les le Jeune sont issus de ce Guillaume?

3°. L'inexactitude de la note est démontrée, & démontrée par une autorité sans replique, par celle de Baudouin d'Avesnes, Prince de la Maison de Hainault, qui écrivoit sa chronique.... en 1270, & dont la Maison, dans le même siecle, avoit contracté une triple alliance avec celle de Créqui.

Nous y voyons que Baudouin, Sire de Créqui & de Fressin, qui vivoit en 1195, après avoir épousé en premieres noces Clémence de Croy, épousa en secondes noces Alix de Saint-Omer ou d'Avesnes.

Que ce Baudouin eut du premier lit un fils nommé Baudouin III, qui épousa Marguerite de Saint-Omer ou d'Avesnes, sœur de sa belle-mere.

Ce Baudouin III du nom eut plusieurs enfans, dont l'ainé porta le nom de Philippe, succéda à la terre de Créqui, & épousa...... de Picquigny. *Peperit dicta Margarita, dicto Domino Balduino, plures filios & filias, quorum primogenitus, nomine*

nomine Philippus, terram de Creki tenens post patrem, ex sorore vice Domini de Puckeugny (1) *, plures genuit liberos* (2).

Voilà déjà deux inexactitudes prouvées dans la note : 1°. Philippe de Créki n'étoit pas fils de Baudouin qui avoit épousé Clémence de Croy, mais de Baudouin qui avoit épousé Marguerite d'Avesnes. 2°. Philippe de Créqui n'avoit pas épousé Blanche de Rosni, mais la sœur du Seigneur de Picquigny.

Philippe de Créki & N.. . . de Picquigny eurent plusieurs enfans, suivant Baudouin d'Avesnes : 1°. Baudouin qui épousa l'héritiere d'Heilli ; 2°. Hugues, qui épousa la Demoiselle de Selles ; 3°. Philippe, 4°. Enguerrand, qui fut Evêque de Cambrai.

« *Philippus de Creki, ex sorore vice Domini de Pinkeugni, plures genuit liberos, quorum primogenitus nomine Balduinus, ex filiâ Domini de Helli, unicâ ejusdem hærede, plures genuit liberos. Secundus dicti Domini Philippi filius, nomine Hugo, ex uxore suâ Dominâ de Selles, plures genuit liberos. Tertius dicti Domini Philippi filius, nomine Philippus ; & quarti nomen Engelranus, qui fuit Clericus & Episcopus Cameracensis.*

Le même Philippe, Sire de Créqui, mari de N. . . . . , de Picquigny, eut un frere nommé Baudouin, Seigneur de Torchy, lequel eut trois enfans mâles, Guillaume, Philippe, & Baudouin.

Secundus frater dicti PHILIPPI DE CREKI, NOMINE BALDUINUS, DOMINUS DE TORCHI, PLURES GENUIT FILIOS,

(1) Picquigny.

(2) Voyez à la fin le passage de Baudouin d'Avesnes, n°. 2.

QUORUM PRIMOGENITUS, NOMINE VILLELMUS, PATRI SUCCESSIT. *Secundi nomen Philippus, & tertii Balduinus.*

Guillaume, *Seigneur de Torchi* (1), n'étoit donc pas fils de Baudouin de Créqui, mari de Clémence de Croy, mais son petit-fils: il n'avoit même pas de frere du nom de Guillaume. Guillaume de Creki, Prévôt de Saint-Pierre d'Aire, étoit son oncle (2), frere de Philippe qui avoit épousé Ide de Picquigny. La note manuscrite ne présente donc que des erreurs.

Au surplus la postérité de ce Guillaume, Seigneur de Torchi, est connue: il a eu deux enfans mâles qui ont porté le nom de Créqui, comme leur pere. Cette branche s'est éteinte par le mariage de l'héritiere avec Jean, Seineur de Brias & de Bristel (3), en 1495, dans le tems même où les le Jeune étoient inquiétés pour leur noblesse.

On n'ajoutera pas ici que Pierre d'Hosier, qui faisoit la Généalogie de la Maison de Créki en 1620, & les Auteurs de l'Histoire Généalogique des Grands Officiers de la Couronne, qui ont travaillé depuis sur les pieces mêmes du cabinet de M. de Gaigniere (4), parlent *de ce Guillaume Seigneur de Torchi*, *fils de Baudouin de Créki*, d'après Baudouin d'Avesnes, son contemporain & son cousin, & qu'ils ne lui ont jamais donné d'autre nom que le nom de Créqui.

---

(1) Voyez à la fin la généalogie de ce Guillaume, Seigneur de Torchi, d'après Baudouin d'Avesnes, son proche parent, n°. 3.

(2) Hist. des Grands Off. de la Couronne, T. *6*, P. 779.

(3) Hist. des Grands Off. de la Couronne, T. *6*, P. 804 & 805.

(4) Hist. des Grands Off. de la Couronne, T. *6*, P. 806.

On ſe contentera d'obſerver que lorſque les anciens auteurs ont donné le nom de le Jeune aux cadets d'une Maiſon, ils avoient l'attention de leur conſerver leur nom de famille. On le voit dans la chronique de Baudouin d'Aveſnes : *duarum verò filiarum dicti domini Balduini de Creki* JUNIORIS *una*, *&c.* ; & cet exemple ſuffit pour faire ſentir combien il eſt abſurde de chercher dans le nom de le Jeune, la preuve qu'on deſcend des Créqui.

Si le roman préſenté par les ſieurs le Jeune n'étoit pas aſſez détruit par tout ce qu'on vient de dire, on feroit ici remarquer les variations dans leſquelles ils ont été forcés de ſe jetter.

D'abord, ils ont voulu deſcendre de Jean de Créqui le Jeune, tué à la bataille d'Azincourt.

Enſuite ils ont tenté de ſe reporter à Baudouin le Jeune, III du nom, qui épouſa Marguerite de Saint-Omer, & qui vivoit en 1200.

Ce Baudouin, a-t-on dit, s'appelloit le Jeune, il fut Seineur d'Ambricourt ; les armes de Saint-Omer, deſquels ſa femme étoit iſſue, reſſemblent à un petit écuſſon à deux faſces de ſable, que les le Jeune portent dans leurs armes. Cette reſſemblance de nom & d'armes, & la poſſeſſion de la même Terre, indiquent aſſez que les le Jeune ſortent de Baudouin.

De tout cela il n'y a qu'un point de vrai. C'eſt que Baudouin fut ſurnommé le Jeune, pour le diſtinguer de Baudouin ſon pere : *duarum verò filiarum dicti* BALDUINI DE CREKI JUNIORIS *una*, *&c.* ; mais il ne fut jamais Seigneur d'Ambricourt. Il n'a jamais été qualifié tel ni dans aucun acte, ni par aucun Auteur ; & la Maiſon de Saint-Omer, dont ſa femme étoit un rejetton, n'a jamais porté pour armes deux fasces de sable : elle portoit une seule fasce d'or (1). Deux cent Maisons ont porté des fasces, & plusieurs ont porté précisément deux fasces de sable semblables au petit écusson des sieurs le Jeune (2).

Il a donc fallu abandonner encore cette conjecture. Enfin, on veut descendre de Guillaume, Seigneur de Torchi, petit-fils de Baudouin, & l'on a vu sur quel fondement. Présenta-t-on jamais à la Justice plus de fables, & des fables plus mal tissues ? Voilà cependant à quoi se réduisent toutes les preuves des sieurs le Jeune. Proposer d'adopter leurs prétentions, c'est proposer de faire prévaloir des chimeres sur les principes inviolables qui doivent être la base de tous les Jugemens. Ce n'est pas par de vaines déclamations, par des suppositions chimériques, par des présomptions que l'on se procure en France un état : pour s'emparer du nom d'une Maison il faut démontrer que l'on en est issu ; & comme l'observoit très-bien M. l'Avocat Général d'Aguesseau, portant la parole dans l'incident jugé à la Grand'Chambre, s'il est seulement douteux que les le Jeune soient Créqui, jamais ils ne pourront être déclarés tels.

Mais il s'en faut de beaucoup que les le Jeune soient parvenus à élever des doutes dans les esprits impartiaux : s'ils étoient Créqui, n'y auroit-il pas eu quelque le Jeune qui en auroit eu du moins quelque soupçon dans l'espace de quatre cents ans écoulés depuis qu'ils se connoissent ? S'ils étoient Créqui, n'auroient-ils pas quelqu'acte de possession,

---

(1) Science héraldique, p. 118.

(2) Les le Josne Contai portent aussi des fasces, suivant un extrait de l'Armorial d'Artois.

quelque prétention du moins de la part de quelques-uns de leurs aïeux ? Que s'ils n'ont jamais été connus que comme le Jeune ; si tous les actes passés par leurs peres les constituent tels, comment sont-ils devenus tout-à-coup des Créqui ?

Qu'ils ne cherchent pas à faire valoir ici l'inconvénient qui pourroit résulter de la nécessité où ils se trouvent de se restreindre au nom de le Jeune : quel mal y aura-t-il que les le Jeune ne soient que ce que tous leurs peres ont été ? Des considérations bien plus puissantes s'opposent à ce que leur état soit changé ; il n'y auroit plus rien de stable dans notre Gouvernement s'ils enlevoient de force le nom de Créqui. Quand bien même ils présenteroient (ce qui n'est pas) des présomptions capables de pallier leurs tentatives dans l'esprit de quelques personnes, il y a encore bien loin de ces présomptions aux preuves que la Justice doit desirer ; & ce n'est pas dans les Tribunaux qu'on peut faire convertir des pré tentions, même apparentes, en droits certains.

Les Magistrats se hâteront, sans doute, de rassurer la Société alarmée, d'apprendre à la Nation que l'état de chaque Maison est circonscrit par les titres & par la possession, dans des bornes qu'il est impossible de violer.

Le sieur de la Furjonniere, l'aîné, a été baptisé le premier Juin 1731, sous le nom de *François-Louis Marin*, *fils de Marin François le Jeune*, *Chevalier Seigneur de la Furjonniere.*

Comment a-t-il pu épouser la Demoiselle de Souci le 24 Août dernier, sous les noms de *François-Louis-Marin*, *Comte de Créqui*, *Mestre de Camp de Cavalerie*, *fils de Messire François de Créqui le Jeune*, *Marquis de Créqui*, *ancien Colonel ?* Comment un Curé a-t-il pu se permettre de marier un homme ſous un autre nom que le ſien ? Comment a-t-il pu le marier pendant qu'il ne rapportoit pas l'acte mortuaire de ſon pere, qui auroit démenti tant de faux titres ?

L'acte de mariage du ſieur le Jeune préſente autant d'erreurs que de mots : le ſieur le Jeune n'étoit point Créqui ; n'étoit point Comte de Créqui ; n'étoit point Meſtre de Camp de Cavalerie ; n'étoit point fils d'un Créqui ; n'étoit point fils d'un Marquis de Créqui ; n'étoit point fils d'un Colonel. On ne craint pas de le dire, quelques efforts que puiſſent faire les ſieurs le Jeune, jamais aucun Tribunal ne ſe déterminera à étouffer les juſtes réclamations qui s'élevent contre un pareil acte.

Délibéré à Paris, le 11 *Juillet* 1780. *Signés* TREILHARD, LAMBON, BOUDET, TRONCHET.

PIECES JUSTIFICATIVES.

N°. I.

Note relative à Guillaume *Seigneur de Torchi.*

D'UNE Généalogie de la Maison de Créqui, étant à la page 300 & suivantes d'un ancien volume *in-folio* manuscrit, veau noir, contenant des Généalogies, dont plusieurs enluminées, la premiere étant de la Maison de Fiennes; lequel manuscrit par son écriture, paroît avoir été commencé vers la fin du seizieme siecle, & avoir été continué en différens tems du siecle dernier. Dudit manuscrit cotté 937, & faisant partie du Cabinet cédé au Roi par Me de Gaignieres, en 1711, a été extrait ce qui suit, susdite page 300.

Bauldain de Créqui & de Fressin, vivoit en 1195, épousa Clémence de Croy, fille de Guillaume, gist à Roussanville.

PHILIPPE, Sire de Créqui & de Fressin, vivoit en 1238, épousa Blanche de Rosny.	GUILLAUME DE CRÉQUI, Prévôt de Saint-Pierre d'Aire, vivoit en 1241.	GUILLAUME LE JEUNE, Chevalier, Seigneur de Torchi.

NOUS soussigné Garde des Titres & Généalogies de la Bibliotheque du Roi, certifions que l'extrait ci-dessus est conforme audit volume manuscrit conservé dans notre département, *& qu'il paroît avoir été écrit entre* 1640 *&* 1650; en foi de quoi nous avons signé le présent certificat, & nous y avons apposé l'empreinte du cachet de nos armes. A Paris, en l'Hôtel de ladite Bibliotheque, le sept Juillet mil sept cent quatre-vingt.

(*Signé*) DE GEVIGNEY.

N°. I I.

Extrait de Baudouin d'Avesnes, Prince de la Maison de Hainaut, cousin des Créqui, & qui écrivoit vers 1280. p. 47.

QUINTA filia dominæ idæ de Avesnez nomine Margareta, *nupsit domino Balduino de Creki*, filio domini Balduini ex uxore primâ, qui postea duxit Aelidem sororem dictæ dominæ de quâ locuti sumus : & peperit dicta Margareta domino Balduino plures filios & filias, quorum primogenitus nomine Philippus terram de Crequi tenens post patrem, ex sorore vicedomini de Pinkenqui * Gerardi plures genuit liberos. Quorum primogenitus nomine Balduinus ex filiâ domini de Helli unicâ ejusdem hærede plures genuit liberos. Secundus dicti domini Philippi filius nomine Hugo, ex uxore suâ dominâ de Selles plures genuit liberos : tertius dicti domini Philippi filius nomine Philippus, & quarti nomen Engelranus qui fuit Clericus & Episcopus Cameracensis. Filiarum verò domini Philippi de Creki unâ &c. . . . *Secundus frater dicti Philippi de Creki, nomine Balduinus dominus de Torchi plures genuit filios*, QUORUM PRIMOGENITUS NOMINE WILLELMUS PATRI SUCCESSIT. Secundi nomine Philippus & tertii Balduinus, una filiarum dicti domini Balduini de Torchi nupsit domino de Santo Maxentio, & altera domino de Sempi : duarum verò filiarum dicti domini Balduini *de Creki Janioris unâ, &c.*

* Pecquigny.

N°. III.

N°. III.

GÉNÉALOGIE

DE GUILLAUME, SEIGNEUR DE TORCHI;

D'après Bauduin d'Avesnes, son contemporain & son cousin.

BAUDUIN DE CRÉKI III du nom, épousa 1°. Clémence de Croi; 2°. Alix de Saint-Omer; vivoit en 1195.

BAUDUIN IV épousa Marguerite de Saint Omer.

PHILIPPE DE CRÉQUI épousa la sœur du Seigneur de Picquigny, vivoit en 1238.

BAUDUIN épousa *N.* de Helli.

HUGUES épousa *N.* de Selles.

PHILIPPE.

ENGUERRAND, Evêque de Cambray.

BAUDUIN, Seigneur de Torchi.

GUILLAUME, Seigneur de Torcy, dont il est question dans la note ci-dessus (1).

PHILIPPE.

BAUDOUIN.

---

(1) La descendance de ce Guillaume est rapportée dans l'Histoire des Grands Officiers de la Couronne, tome 6, p. 804. Il eut deux enfans mâles, Baudouin de Créqui, Seigneur de Torchi, & Noël de Créqui, Seigneur de Royon. Cette branche s'est fondue en 1480 en la Maison de Brias, par le mariage de l'héritiere avec Jean de Brias.

N°. I V.

Observation sur les Armes.

QUE les Bourgeois aient eu des sceaux dès le treizieme siecle, c'est sur quoi on ne peut pas élever le doute le plus léger. Nous voyons dans l'Histoire du Languedoc, tom. 3, pag. 547 & 548, une lettre de plusieurs Bourgeois de Beziers au Roi Saint-Louis, & *scellée de leurs sceaux*. Dans le même Ouvrage, pag. 603, nous trouvons un acte de 1292, *scellé du sceau de plusieurs Chevaliers & Bourgeois*; c'est un acte de notoriété qui établit que les Bourgeois de Beaucaire & de Provence, étoient dans l'usage de porter les attributs militaires: *Burgenses consueverunt . . . signa militaria habere, & portare & gaudere signo militari.*

Dans l'Histoire de Bretagne par le pere Lobineau, tome 2, pag. 431 & 432, nous trouvons pareillement un acte du même siecle, scellé du sceau de plusieurs Chevaliers & Bourgeois. On pourroit en citer une infinité d'autres exemples.

Toutes ces personnes n'avoient cependant pas toujours des sceaux qui leur fussent propres; elles scelloient souvent, comme on le voit dans le dictionnaire Diplomatique, du sceau de quelque personne constituée en dignité, ou de toute autre qui leur prêtoit son sceau.

Il n'est donc pas étonnant qu'on trouve des actes anciens scellés des armes d'une maison, quoique celui qui la scellé n'en fût pas issu.

Nous voyons (pour ne parler que du créquier) qu'il se trouve dans les armes de plusieurs maisons qui ne tiennent en rien à celle de Créqui: indépendamment des Botscuvits, des Ifflenger, des Drancourt dont il est parlé dans la Consultation, les Deconte originaires de l'Artois & qui y ont toujours résidé, portent dans leurs armes de gueules au créquier d'argent. Ils ont ces armes depuis le treizieme siecle, & ne sont cependant pas Gréqui; ils le déclarent formellement: les le Jeune Contai ont aussi un créquier dans leurs armes, suivant un extrait de l'Armorial d'Artois, & cependant ils ne sont pas Créqui. Les le Jeune qui plaidoient dans le seizieme siecle à l'Election d'Artois, avoient de tous les tems porté un créquier dans leurs Armes, & cependant ils n'étoient pas Créqui.

Enfin on vient de retrouver au dépôt des chartres d'Artois, une quittance du *8 Août 1377*, donnée par un Bernard, Sire de Quatrevaux, scellée d'un sceau qui représente un créquier. Suivant le témoignage du sieur Binot, Trésorier, & du sieur Hibon, Procureur du Roi de l'Election, & faisant les fonctions de Héraut d'armes dans la Province, ce créquier est à sept branches, & sur la branche d'en-haut à senestre est un petit oiseau ; jamais les Quatrevaux n'ont été Créqui. Comment après tant d'exemples pourroit-on dire que les armes des sieurs le Jeune prouvent qu'ils sont de cette maison ?

C'est donc en vain qu'on voudroit tirer quelqu'avantage du sceau de Tassart le Josne, Procureur Général du Comté d'Artois : il ne faut pas confondre ce Procureur Général du Comté d'Artois, avec le *Procureur Général du Duc de Bourgogne*, qui avoit auprès de sa personne un Conseil ambulatoire, fixé dans la suite, partie à Lille sous le titre de Chambre des Comptes, partie à Gand sous le titre de Conseil (1) : *ce Procureur Général du Duc de Bourgogne* étoit un Magistrat du premier ordre ; mais le Procureur Général du Comté d'Artois (quoique très-respectable) n'étoit que le Procureur Fiscal du Bailliage ou Gouvernance d'Arras (2). Il prenoit le titre de Procureur Général, comme l'ont pris une foule de Procureurs du Roi des Bailliages & Sénéchaussées du Royaume (3) : au surplus, le Bailliage d'Artois n'étoit pas alors très-étendu ; on peut voir ce que dit là-dessus Maillard dans son commentataire sur la Coutume de l'Artois, page 172. « Le Bailliage d'Amiens a toujours été » le siege principal où l'Artois ressortissoit, soit médiatement, » soit immédiatement pour les cas royaux, à la réserve de » l'Artois qui comprend le Bailliage de Bapaume, & la Châ-

(1) Maillard, sur la Coutume d'Artois, pag. 178 & 179.

(2) Le Conseil Superieur d'Artois n'a été créé qu'en 1531.

(3) Ordonnances du Louvre, Tom. 2, pag. 426 ; Tom. 3, pag. 395, Tom. 4, pag. 574, &c. &c.

» tellenie d'Havrincourt ; car cette partie relevoit pour les cas » royaux du Bailli de Vermandois & de la Prévôté de Pé- » ronne ».

La pension de 120 liv. dont jouissoit Tassart le Josne ne doit pas (quoi qu'en disent les sieurs le Jeune) (1) changer nos idées sur la nature de sa place. Suivant le Traité historique des monnoies de le Blanc, le marc d'argent à cette même époque valoit 5 liv. 16 s. ainsi une pension de 120 liv. ne représenteroit pas tout à fait aujourd'hui 1200 liv. d'ailleurs il n'est pas dit que ce fût à raison de sa place seule, que Tassart le Josne jouissoit de cette pension : il rendoit des services particuliers au Duc de Bourgogne ; & nous voyons par des quittances émanées de lui en 1381 & 1383, qu'il lui fournissoit du vin pour la consommation de son hôtel : ces quittances sont aussi scellées de son sceau dans lequel étoit un créquier.

Nous ne voyons pas qu'aucun autre le Jeune, antérieurement à Tassart le Jeune, ni même de son tems, se soit servi du même sceau ; quoi qu'il en soit, le fait est indifférent.

C'est bien en vain que les sieurs le Jeune prétendent qu'on portoit anciennement ses armes sur les armures & sur les habits : ils n'en peuvent rien conclure en leur faveur ; il est cependant à propos de fixer sur ce point les idées. *Les Chevaliers* portoient leurs armes dans les combats & dans les tournois, cela est vrai ; mais nous n'avons ni preuve ni présomption que Tassart le Jeune ait été *Chevalier.*

Les hommes d'Armes & les Archers ne portoient que les livrées & les couleurs de leurs Capitaines : c'est ce que nous voyons dans une Ordonnance de 1574, rapportée par Fontanon, art. 6 (2).

On dit communément que tous les hommes d'Armes étoient

(1) Ils ont fait plaider que nos pistoles actuelles ne valent pas des deniers de ce tems-là, & que cette pension équivaudroit à une pension actuelle de 5000 livres.

(2) « Que tous hommes d'armes & autres, & de nosd. Ordonnances, » seront tenus pendant qu'ils demeureront ou iront en leurs garnisons, » ou retourneront d'icelles en leurs maisons, porter les sayes & hoc- » quetons de livrées & couleurs de leurs Capitaines ».

Gentilshommes : cela mérite cependant explication.

« Tous les hommes d'Armes étoient Gentilshommes du » tems de Louis XII », dit le Président Hainaut, tom. 2, p. 610, édit. 1774, « c'est-à-dire, tous ceux qui composoient les » compagnies d'ordonnance : mais il ne faut pas entendre par » les Gentilshommes d'alors, les Gentilshommes issus de race » noble; il suffisoit pour être réputé tel, qu'un homme né dans le » tiers-état fit uniquement profession des armes, sans exercer » aucun autre emploi. Il suffisoit à plus forte raison que cet » homme né dans le tiers-état, eût acquis un fief noble qu'il » desservoit *par service compétent*, c'est-à-dire, qu'il suivît son » Seigneur en guerre, pour être réputé Gentilhomme. Ainsi donc » alors on s'ennoblissoit soi-même, & on n'avoit besoin ni de » lettres du Prince ni de posséder des offices pour obtenir la » noblesse : un homme extrait de race noble & le premier » noble de sa race s'appelloient également Gentilshommes, » avec cette différence que le noble de race s'appelloit Gentil- » homme de nom & d'armes ; au lieu que le premier noble » de race s'appelloit seulement Gentilhomme (*Ducange*). » Cette noblesse ainsi entendue subsista en France jusqu'au » regne de Henri III ».

C'est ainsi qu'il faut entendre les dispositions de quelques Ordonnances, qui portent que les Gendarmes, Chevau - Légers, & même les Archers, doivent être Gentilshommes.

Il y en avoit beaucoup qui ne l'étoient pas, & nous voyons dans une Ordonnance de Charles VII, du mois de Novembre 1439, rapportée aussi par Fontanon, art. 4, *qu'il est défendu à tout homme d'armes*, GENTILHOMME OU AUTRES, *ou gens de trait ou autre gens de guerre, de se déporter de leurs Capitaines, &c.*

Une autre Ordonnance du 12 Février 1533, rapportée aussi par Fontanon, article 4, défend à tout Capitaine de tenir *dans leurs maisons aucunement pour domestiques, aucuns hommes d'Armes ni Archers.*

Que conclure de tout cela ? qu'il ne faut pas appliquer indistinctement à toutes les personnes Gentilshommes ou non, qui portoient les armes, ce que nous savons des anciens Chevaliers ; & comme nous n'avons aucune trace ni veſtige de la Chevalerie de Taſſart le Jeune, la maniere dont les Chevaliers ſe préſentoient aux combats & dans les tournois, eſt indifférente dans la Cauſe.

CORVISART, Procureur.

www.ingramcontent.com/pod-product-compliance
Lightning Source LLC
LaVergne TN
LVHW012017160826
845678LV00002B/888

* 9 7 8 2 3 2 9 6 5 2 0 3 0 *